JN409056

겨울 그리고 연

전학춘 시조시집

시와사람

국립중앙도서관 출판사도서목록(CIP)

겨울 그리고 연 : 전학춘 시조시집 / 지은이: 전학춘.
-- 광주 : 시와사람, 2017
p. ; cm. -- (시와사람 서정시선 ; 058)

광주광역시 · 광주문화재단의 2017년 지역문화예술특성화
지원사업으로 지원받아 발간되었음
ISBN 978-89-5665-504-8 03810 : ₩10000

한국 현대 시조[韓國現代時調]

811.36-KDC6
895.715-DDC23 CIP2017031277

겨울 그리고 연

눈

전 학 춘

밤을 걸어서 오는
반쪽의 얼굴 고왔구나
홍매화 흐드러진
늦겨울 지치지 않게
사람들 향한 도시와 땅들
고요히 보듬어다오.

시작노트

밤을 지새워 찾아온 순백의 얼굴
우리의 생명을 지시하는 하늘을 향해
고요히 발걸음 숙여 기도하고 싶다.

■ 시인의 말

하고 싶은 말,
쓰고 싶은 글,
유기그릇 갖고 다녔는데
담은 것도 없이
쇠하여 간다.
아깝다.

2017년 초겨울
전 학 춘

겨울 그리고 연/차례

1 꼬끼오

2 뉴욕뉴욕

3 만추

4 이스라엘 물줄기

1

꼬끼오

기러기의 날개

기러기들 하얀 공중
날개 펼치다 또 내려 본다
비상 순간 여명처럼 밝혀오던 그 곳,
양 옆에 바다 흐르고
눈앞 가득 푸른 들판들

보면 볼수록 힘 풀리는 커다란 남의 땅이다
몇 발 딛어 먹는 것 보는 것 사유하는 것
저리도 준비된 지상,
허공 물리며 살았구나

삶 찾아 계절 찾아 몇 천 킬로를 섭렵하며
생 옆으로 속살과 비늘
구름처럼 숨 쉬는 땅,
비 오는 와디를 찾아
날자,
사막을 날자꾸나

꼬끼오

더듬더듬 어둠길에 불현듯 두들긴다
옛날 군(軍) 기상할 때 울리던 트럼펫 같은
인간들 궐기하라 외우는
하늘 향한 고성이다

도심골목 성장 멈춘 한옥에서 태어나
대대손손 전승한 기를 몸 갈아 연마했을까
어릴 적 제사상 거둘 시간
알리던 딱 그 소리를

몇 천 년 인류에 붙여 산 정(情)
못 잊는 닭아,
첫 새벽 순하디 순한 만남의 몸짓처럼
꼬끼오, 몸 밖 토하는 그 성음
생명의 길 동행해다오

봄

기름진 나뭇가지에
하얀 매화 송이들
푸네기 없이 혈혈단신
말끔한 감나무
초록 땅 품에 안은 봄똥
한 지평에 서있고

떡갈나무 가지 끝 젖내 나는 새싹들
알알이 익은 열매 이웃들에 헌사하며
가을엔 가을 같은 푸른 숲,
깃대종 흔들려나

하늘의 자연을 목숨 걸어 섬기며
산자락 맨땅 빌어
생산의 생태 일구고

우러러 따뜻한 햇볕이기를…,
경주하는 봄의 경치

하늘빛 화원

첫새벽 빗물 보듬어
걸음 딛는 생명의 길

뜨락의 어둠 뚫고
삶 사랑하는 꽃망울처럼

햇살 속 아름다움 위해
쓰러지는 사월의 살들

등산

처음 올라갈 땐 복잡한 마음 없었다
중간한번 내리막 길 만나면 흥도 났다
작은 듯 사람 붐벼 풍성한 사찰을 만난다

입구 차린 하얀 생수들 입 안이 봄이다
절복 입은 여승들에 불상 좌정한 보광전
엎드려 큰절 올리는 남녀,
방안이 만원이다

일어선 눈들 산정 향하는데 혼자서 후미다
흔들리는 무릎, 숨찬 숨
하현 같은 배반이다
인간은 후반의 시간이
물림 없는 승부라는데

세월호 인양한 날

혼인 한 달의 전장 끌려간 남편 기다리다
넋 잃어 거리 헤매는 여인을 본 적이 있다
정스런 사춘기 맞은 딸,
빼앗아간 비정의 바다

교통사고로 도로에 누운
몸 큰 공룡처럼
녹슬고 긁히고 부서진 허우대로
배 한 척 옆으로 누워, 만월의
역사를 토하려한다

별처럼 반짝반짝한 풋 생명들의 높다란 꿈
밤새 튤립에 진달래 꽃
배 안 가득 피우다
창틈에 봄 햇살 깃든 새벽
불현듯 덮친 상어 이빨들

삼백 꽃송이 묻힌 수렁 속
시신도 없는 아홉의 생들
천팔십 날을 바다만 쳐다보던

어미의 울음,
하늘의 노란리본 무지개 달고
딸과 함께 집 가소서

돈의 목소리

전화 걸면 위로말보다
엉엉 울던
형수,

(군 장교 형이 갑자기
부대에서 사고사 했다.)

오늘은 왠지 목소리가 밝다
"삼억 원, 보험 탔어요, 삼촌"

종

몇 천 년 세월 머금어
내공 우람한 회색 속살
새벽성음 푸른 계곡을
운무처럼 흔들었을
융숭한 그 영혼의 체취,
티끌인 듯 닿고 싶다

남의 쌓인 역정 들으며
빚 털어온 인간에게
너무 높아 닿지 않는
가을 빛 하늘보다
산 중턱 침묵하는 정립,
엄중한 존엄이다

봄이 오면

봄이 오면 산자락 하얀 매화들 보고 싶다
아직 언 땅
여느 생명보다 싱글게 피어
움츠린 마음 치켜 깨우는
네 껴안고 싶다

봄이 오면 남해 끝 가거섬에 가고 싶다
십년 전 별리한
갈매기들 해후하며
물 오른 후박 가지에
몇몇 밤 추억 걸며,

봄이 오면 가벼운 몸 구름처럼 띄우고 싶다
눈의 계절에 하얀 눈
한번 스치고 헤어진
오래 된 그 눈망울 데불고
새처럼 공중 날고싶다

구슬

손바닥 떠난 구슬이 멈춘 곳은 허공이다
구르는 사선에선 몸의 관절 분주한 대신
흐르는 빽빽한 시간이라야
흔적이 조금 보여

수평보다 비탈진 경사의 자전 속에서
느린 계절의 비늘에 속으며 절망도 하고
햇빛과 안개 찬란한 곳,
영혼 바쳐 공전하지

낮 떠난 밤 같은 얼굴 제 혼자 웃어주고
강 떠내려가는 시간을 밥처럼 삼키며
얼 태워 숙명인양 구르는
맨땅 위 구슬이야

경칩의 날

날씨 풀리면 붉은 감 몇 임종한 곳 찾고 싶다
섣달까지 가을 붙든 채
나뭇가지 붙어 살며
비정한 산 까치에 쪼이고
추위에 입술 슬프던

날씨 풀리면 무등 계곡 찾아 조문하고 싶다
눈 내린 날 우듬지의 감
혼절하던 이승 끝 모습,
자연은 삼라만상 명운을
흔연히 다스렸다

맑음이 밝힌 깃발

어느 날 산정 위로 초롱초롱한 초승달이 떴다
생명 베푼 태양이 하루의 정 마감하고
어둠이 우리 곁 적실 무렵
여명의 꿈 새기는 그 빛,

처음 이후 신비의 달은 한 톨 씩 커져가고
우린 굴 속 같은 침묵의 믿음 속에서
머리 위 기름부음처럼 염원을 부어 주었다

막차처럼 먼 길 돌아온 생명의 울음 붙안고
먼지 낀 나팔 세워 사방 띄우는 아비의 희열,
맑음아, 부모 형 정으로 섬겨
화원에 영혼깃발 흔들어다오.

*맑음 : 필자의 손주

얼룩말아 미안하다

휴가철 방문한 열대나라의 사파리 관광
입구 옆 황토 위로 꼬리 흔드는 코끼리들
반가운 시선 흔들려도 푸근한 미소 나누네

좌우로 키 큰 기린, 염소 지나 하마들 있고
동물들 눈길 주며 지나치는데 길가에
티브이 화면에서 본 야생 얼룩말이 있어

서있는 차 앞으로 흔들흔들 걸어오는 거야
머리 흔들어 긴 얼굴을 유리창에 붙이고
그 큰 눈 차 안 기웃대며 구애하는 둥근 눈빛

처음 본 얼굴들에 반가운 인사 건네듯
늘 먹던 풀기 없는 식사 떠나 별미인 듯
풋풋한 색다른 것 한 점 넣어주라 입 벌이는데,

반가운 긴 얼굴들아
우리가 너무 비정했구나
오는 차로에 바나나들 많이도 있었는데,

"아버님, 처음 길에 제가 미쳐…,"
-며늘아, 너무 헛헛하구나

생명의 길

담벼락에서 뜬 눈 어둠 뚫고 질주 한다
계절 띄우는 애드벌룬 제 혼자 흔들리고
하늘 속 빗물 맞으며
내딛는 생명의 길

연인 같은 햇살은 어느 기도로 만났을까
잎보다 먼저 세상 깨어
삶 사랑하는 꽃망울들
찬연한 아름다움 뒤로
혼신의 고독이고 싶다

수리부엉이

큰 눈 둘로 표정을 덮은 잡히지 않는 얼굴

인간들 쳐놓은 포획망에 걸려 추락한 새끼 하나 만났어
집에 데려와 찢긴 날개와 다리 빨간약 바르며 치료 했어
뾰족한 입 닭고기 넣어주고 목욕 시키고 지극정성 주었지
입 흔들어 삼키기도 하며 물 넘기고 품에 안기기도 했어
생태로 낮에 잠을 잔대서 모기장 쳐주며 숙면하라 했어
얼굴이 눈뿐이니 잘 몰라도 잠자며 싫은 것 같진 않았어
하지만 언어 표정이 없어 알 수 없고 면구스러움 들었어
4일 후 부얼부얼한 털 닦고 운동시키고 그 산숲 찾아갔지
신기하게 날개 펼치며 얕은 숲 속으로 바삐 기어가드라고,
짝사랑 나눔도 없이 헤어지고 돌아오는 발걸음 허전했어
며칠 뒤 닭발과 연고 싸들고 그 곳에 또 찾아갔지.

나무 뒤 숨어 나오질 않네
눈 붉어 되돌아왔어.

휴일새벽 tv보다

'프로복싱 역대 최악의 편파판정 사건'

세계적 선수들 피 튀기는 시합이 한창이다
'매니 파퀴아오', 복싱에서 존경하는 얼굴이다
우리나라보다 후진국인 촌스런 필리핀, 더구나
체격 작고 조건 불리해 흥행 안되는 아시아권
선수가 세계 복싱본고장 미국 땅에 건너가
플라이부터 슈퍼웰터급까지 8체급을 석권,
전무후무한 세계기록을 세운 현존하는 최고의
선수다. 그중 내 기억에 뚜렷이 각인돼있는 건
'델라 호야"라고 당시의 웰터급 최강자로 이름
높던 미남스타를 무자비하니 얼굴 두들겨 눈을
못뜨게 해 티케오로 물리친 시합이다. 그 참피언
'델라 호야'도 대적선수를 케오로 물리치고 당대
평정한 세계 참피언이었었다. 조그만 아시아권
에서 태어나 세계적 선수들을 좌우 소나기펀치로
줄줄이 바닥에 쓰러뜨린, 경외하는 그 선수가
'브레들리'라는 큰 흑인선수와 벌이는 경기였다.
객관적 내가 봐도 12회전에 결정다운은 없었지만
작은 파퀴아오가 훨씬 큰 펀치 날렸고 상대가 몇

차례 비틀거렸다. 그러나 시합판정결과는 2대 1로 브레들리 검정 손이 올라갔다.
그 후 wbo심판관 5명은 5:0으로 유효펀치 수 253:159로, LA타임스는 117:110으로'파퀴아오'가 승리했다고 전부 평가했다.

판정에 배반당한 약소국 스포처가 쉽다

더 많이 벌면

칠십 줄에 세일즈맨 하는
전직 지점장의 말

-사람들 대개 조금 벌어 조금 쓰며 살려고 해,

더 많이 돈을 벌어,
좋은 데도 쓰면서
살면 좋잖아

알몸의 개

왁자지껄한 식사 중 쥔 찾아와 드러눕는 개
평강의 엄마 품처럼 팔다리 뻗은 알몸이다
세상을 믿고 살아가는 개,
네 잡아먹는 인간들.

어린 시절 고향에서의 일

마을 입구에 냇물 있고 다리가 있었어요

고목들 엮어 만든 사십미터 다리가 여름철
장맛비에 맥없이 떠내려가면 냇물이 넘쳤어요
어른들은 옷 머리 이고 몸 흔들며 건너는데
아이들은 발 구르며 커다란 황토물만 쳐다보다
낮 되어 책보자기 멘 채로 힘없이 돌아서며
내일 숙제 못한 채 학교 갈일이 고민 되었어요

어느 날 장마 끝 호우 내려 물이 불었었어요
마을 노처녀, 급한 일인지 양다리 걷어올리고
용감히 건너오는 걸 보며 우리들 박수쳤는데요

보름 쯤 지나 그 처녀가 아길 해산하고서 바로
지녔던 약을 먹고 자결한 사건이 일어났어요
온 동네 뉴스거리였고 마음아픈 사연 울렸어요

다니던 메리야스 공장 사원과 눈이 맞아 임신
했는데요 무자식 기혼남인데 결혼할 처지 안돼
붕대로 배를 칭칭 감아 가족에게도 숨기고 열달,

참고 참다 어느 새벽 고추아기 분만하고서 음독,
죽으며 회사 누구의 씨알이라는 유서를 남겼어요.

처녀 임신이 무서운 시절 사내에게 건넨 헌신,
며칠 전 냇물에서 본 배부르지 않던 처녀모습
그대로 겹쳐 떠올라 얼마동안을 공명하며 보낸
기억이 어린시절 필름에 깊이깊이 각인되었어요.

그 처녀 밤낮 얼마나 그 사내와
가정 갖고 싶었을까

2

뉴욕뉴욕

뉴욕뉴욕

앞자락 끈질기게 빛을 부으며 따라 왔어요
생전 처음 본 맨해튼 빌딩 숲에 정신 놓다
뉴저지 잠 자리 찾아가는
낯선 저녁놀이었어요

지구 영역을 혼자서 쥐락펴락하는 도시
완력과 신비를 강물처럼 끌어안은 도시
어느 날 내 쪼그만 품에
조롱박처럼 안겨왔어요

머리 기름부음 같은
꾸고 싶던 꿈이었는데요
놓고 온 조국 입 닫힌 하늘 구름에 한 뼘 높구요
어느 길 주택가 묘 비석 군,
신기하고 친근했어요

미처 찬란하지 않은
안개 속 겸손한 햇살
창가에 친절 입혀 호위하는 작별인 듯
노익장 가수의 '뉴욕뉴욕'이
차안 가득 들려왔어요

괭이갈매기

이웃 일본에서 잡힌 우리 괭이갈매기,
어미 떠난 새끼 몸 먹이 찾아 날아간 곳
먼 바다 낚싯줄에 걸려
겁먹은 눈 껌벅인다.

눈 뜨면 꿈틀대는 먹이 한입 넣어주던
그 시절들 비정한 밤처럼 떠나간 이후
시퍼런 바다 어디에도
어미는 뵈지 않고

온종일 공중 날고 입 모아 소리해도
그리운 것 보고픈 것 손안에 잡힌 것 없고
허기진 아랫배는 오늘도
하얗게 비어있네

철없고 장애 없는 두 날개 밤낮 지치면
하늘 품에 안고 삶 깨칠 줄 알았는데
가없이 허공 헤매다
너무 멀리 날았구나

시내버스

둥지 속 남의 새끼 혼돈 하는 뱁새처럼
여러 번 외운 번호 흔들리다 승차하네
숫자와 글씨들 못 따라가
표정 낭비한 사십분

차는 펼쳐진 땅과 길을 점령하며 생 이어가지
인간엔 적자생존의 하층이지만 노년에겐
거꾸로 상전이 되어
호락호락 않는거야

옛날 궁정동 반란 저지른 높은 군인처럼
머리 높고 만만찮아 어느 아침 작별 고하니
마음은 맑은 하늘인데 몸은
저잣거리 버스이네.

나이아가라

지평 향해 사십 일 주야 퍼부은 노아 적 홍수,
그 물줄기는 지금도 살아 어느 지구에서
인간들 방주에 띄운 사역을
웅변하고 있었다

풍성한 크루즈처럼 몇 백의 승선 객들
옛 인디언 천둥소리, 유리창 때리는 함성
커다란 물방울들, 폭탄처럼 간극 터뜨린다
붉은 비옷 파고드는 장맛비인 듯 혼돈하며
한바탕 홍수에 빠져 흔들린 머리 붙안고
충만의 노을에 서서 하늘인 듯 호흡한다

꿈은 꿈꾼자의 꿈을 구원한다 했든가
학교 적 시화전서 본 우람한 그 장관,
수면에 뜬 무지개까지 행랑 담아가야지

하루의 만남에 끝나지 않은 또 하나의 체취
너른 경치 호위하는 날렵한 헬리콥터
하늘 끝 벌인 잔치에 빠뜨릴 수 없어,
비행기 공중 편승해 내려다보는 푸른 대지

하안 폭포수들 숨 쉬는 곳 호명하며
한 생의 그리움 삭힌 채
작별 적는 나이아가라.

이국 마트에서

먼 이국땅, 잠시 동안 당황했던 얘기야

토론토 노점상가의 큰 마트에 들어갔어
입구 화장실 나와 기웃하며 안쪽까지 걷고
진열장에 든 오렌지음료를 한 병 꺼내었어
몸에 밴 습관처럼 출구 향해 걸어갔지
이웃 코너마다 서툰 눈길 주며 서있고
있어야할 카운트는 기미 뵈질 않는 거야
순간 아차 싶었고 급 방향 틀어 되돌아갔어
저 안 끝 진열장에 쥔 청년 서있는 거야
고개 숙여 굽실하고 "하우 머치"만 되뇌었지
껌정 얼굴, 달러 받으며 끝내 웃진 않드라고,

손잡을 언어도 없이
작은 가슴 출렁 했어

내나라 독도

깜깜한 바다 홀로인 듯 가족인 듯 떨궈진 섬
내 조국 내 땅이라 기 쓰고 찾아가는
정스런 발길 부딪는 넌
한가득 축복이거라

망망대해 우뚝 서서 파도 지키는 아비에
생명들 건사하려 손길 바쁜 어미 얼굴
바위들 피붙이 비늘 같은 우리 동쪽 자화상이다

내나라 끝 지킨 땅은 왜
철조망인양 적막할까
비오는 그믐 같은 산정의 흰 움막 하나,
작아서 고고한 바위섬들,
파도 움켜쥔 고독이다

멀고먼 하늘 이십오 분 만남은 너무 짧구나
풍선 같은 카메라들
바다 향한 눈 맞춤 속
마지막 처음 작별처럼
아쉬운 뒤태 훔친다

갓난아이와 어미

밤부터 아침까지 끊길 듯 이어지는 복통,

딸과 아들을 등교시킨 후 소독약과 가위들고 임산부
혼자서 화장실 들어가 문을 잠근다. 수건을 타일에
깔고 앉았다. 십이월의 한기가 온몸 스며들었다.
골반이 부서져나갈 때쯤 미끄런 아기가 빠져나왔다.
가위로 탯줄을 자르고 소독약을 발랐다. 핏덩이는
처음의 세상을 향해 맹렬히 울음 터뜨리고, 긴장한
어미는 손으로 아기 입을 막으며 화장실을 나왔다
입던 티셔츠 둘로 아길 감싼 채 남편과 아들 깰까봐
서둘러 집을 나왔다. 뿌연 진눈깨비내리는 날이었다.
빈 통장과 밀린 월세, 뜸한 남편의 돈벌일 떠올렸다.
"이렇게 살아서 뭐해, 죽어야지" 라고 되뇌며 걸었다.
그런데 가족생각이 꼬릴 물었다. "내가 죽으면 애들
어떡하나. 아빠 일 나가면 애들은 학교도 못 가고…"
멀리 떨어진 교회로 갔다. 2층 계단에 종이상자를
놓고 아기를 넣었다. -하나님을 믿는 사람은 인정이
있겠지!, 라고 염원했다. 혼자 남은 아기는 본능적
생명력으로 처절히 울었다. 건물경비원은 어디서 왜

자꾸 고양이가 울지? 라고 처음 생각했었다고 한다.

다음 날 경찰에 끌려온 여인은 조사 끝난 뒤 "제가 다시 아기를 데려가고 싶어요."라고 울먹였다. 같이 돌아오는 길 마트에서 첫 분유를 사서 아이에게 주었다. "아기가 너무 잘 먹었어요."

사년여 전의 일을 말하며 연신 눈물 흘리는 여인, 민우가 얼마나 애교를 잘 부리는지 몰라요.'엄마아빠 사랑해'라고 말하고 셋 형들과 잘 놀고 애교부리면 "내가 저 애를 찾아오길 참 잘했다는 생각이 들어요."

본능적 피붙이 향한 정(情)은, 삶의 허물을 초월한다.

*잡지에서 내용을 발췌 인용했다

금가락지

빈 손가락 볼 때마다 노파는 미안했다
홀로 칠남매 키우다
어둔 밤손님에 빼앗긴 후
지아비 형상 분실한 죄, 앓다
어느 날 혼자서 갔다

히잡 쓴 여인

회색 빛 산꼭대기 걸려있는 태양은
고물상 놋그릇처럼 한 시절을 개기는데
어젯밤 빗물처럼 스며온
이방여인의 커다란 눈

골똘한 그 눈은
이세상 없는 무얼 찾아
먼 거릴 헤매는지 만월처럼 섬뜩하고
얼굴과 머릴 히잡으로 둘러
안개 속 얼굴이다

겨울 해름의 고산 숲 헤매는 심마니처럼
어둔 매마름 속 발자국 없는 길 걸으며
태초의 염원 떠난 객지 땅
얼마나 더 밟으려오

압록강 물살가르며

몇 천 미터 강물 멈춘 너른 호수 같은
백 명 넘게 탄 유람선도 유유히 유랑하는
압록강 여름 유원지,
한번 들어 보셔요

오른 쪽은 길쭉하니 생긴 북한 땅 위화도구요
왼편 강둑엔 정복차림 인민군병사 지키고
저만치 서있는 팔각정 초소
으스스 섬뜩했어요

내가 탄 십인 승 통통배는 여럿 떼지어
자유 몸짓하며 강물 휘젓고 다녔는데요
촌스런 늙은 농민 옆 풀 뜯는 황소 외롭고

웃통 벗어 강물에 몸 푸는 북한군들 지나
우리 마련한 담배 보루와 접어 넣은 고액지폐
기관사, 친밀하니 손 흔들고 물에 던져주었어요

하나도 무서울 것 없는
내 민족 내 땅이었구요

황토색 강물 손 담그며 스산한 향수 보듬고
울적한 타국 관광객인 몸,
붉은 눈 떠 하선했어요

종소리

3교시 끝나면 도시락 여는 소리들
고개 처박고 해치우는데 일 이 분 걸렸을까,
4교시 마친 점심시간은
입들 거의 휴가였지

수돗물 가에 한참 머뭇대다 온 아이 있고
도시락을 잃어버려 소란한 일도 있었는데
선생님 범인 추적결과를
유야무야로 넘겼었어

분실한 앤 그날 점심
교무실 가서 해결했던가
그 찍힌 아이, 후에 명문 법대 갔다 했는데,

그리운 6교시 끝나 울렸던,
꺼진 배의 허기진 자유

장군의 유산

-통영에서

나라 실존을 품에 넣고 좌지우지 하며
온 바다의 주인이셨던 장군과 그 군함들,

오늘엔 배 한 척 남아
동네바다 지키고 있네

중동내란

다 드러냄보다 조금은 남기라 했든가
히잡으로 머리 두른 채 면 허공 응시하는
눈 코만 살짝 열린 이슬람 여인,
슬픈 아름다움이다

조국 예멘의 전란에 끌려간 연인 찾아
온종일 소코트라섬의 적막한 바다에 젖어
어둑한 하늘 끝 구름 향해 시선을 바친 그녀

약속 없는 끝길처럼 밀물에 오늘 거두고
긴 치마 속 얼굴 파문은 소녀에 입 닫힌 하늘
저널의 싫은 영상에게
눈물 한 점 찍는다

맹인아이의 말

-장애인복지학교에서

“내가 들어줄테니 갖고 싶은 것 말해 봐.”
정신지체아는 라디오를, 농아 아인 자전거를,
한라산 등반이 꿈이라는 뇌성마비 아이 있고

“야, 넌 소원이 뭐냐?”
입 뛰뛰한 시각장애학생,
- 들어줄 수도 없는 것 말하면 뭐해요
  눈을 떠
  딱 일분만이라도
  이 세상을 보는 거예요,

*〈국민일보〉 기사 인용.

염소

1
칠십일 년 끈 '염소의 저주'가 무너졌다
메이저리그 컵스 야구장
염소 끌고 온 홈 관객
입장을 거부당한 중년이 쏘아부친 한마디,
—앞으로 네 팀, 월드시리즈에 못 오를 거다.
그 후 '컵스' 팀은 늘 우승을 놓쳤다
징크스 깬 선수,
"이 기쁨, 말로는 표현 안된다"

2
라틴 마을, 열중히 댄스 추는 빨간 무희
늘어선 원주민들에 끼인 하얀 염소 하나
쥔 마디 치마 안겨 감상한다
첫눈처럼 귀엽다.

3
주렁주렁 새끼 데불고 이민 온 남해 바위 섬
어린 것들,
출렁이는 바닷물이 너무 신기한데

푸르고 하얀 물과 모래
뿌연 풀보다 백배 좋은데….
덜 큰 다리 파도에 삐끗하면 누가 거두랴,
피 말린 가슴,
해변만 가는 새끼들 말려야했다
홀로인 어미염소, 길목 누워
금식하여 죽는다.

수족냉증

겨울 오면 들르는 간이역의 고드름처럼
시린 손 광장 부딪는 얼굴들에 건넨다
본태적 명운 같은 우울을
한 계절 데불고 산다

어쩌다 동병의 살 같은 옆얼굴도 만난다
임진강 얼음처럼 막힌 수족의 미세 혈맥들
풀린 땅 인동초에 핀 금은화
노랗고 하얀, 예쁘다

실루엣 여인

하얀 망사 가운 두른
양팔 벌인 누드 실루엣
둥그런 가슴,
음침한 사타구니에 빠진다
여성은 독하디 독한 성정을
사내 향해 벌처럼 쏜다

천지

장백산, 한문자로 쓴 긴 철탑 높이 서있고
계단 줄줄이 서서 기념의 사진 몇 장 찍는다
중국의 상혼 묻은 고액 입장 큰 걸음 딛는다

정류장 셔틀버스 올라 사십분을 달린다
널찍한 종점 내려 거닐다 계단 오른다
긴 걸음 딛는 나무 층계 연 숫자 적혀있다

중간쉼터 지나 꼭대기 빽빽한 사람들 향해
처음이자 마지막 같은 발자국 옮긴다
훤한 날, 남의 것 아닌 나의 품 속 여정,
호흡하며 길옆 하얀 야생화들 반갑다
산 오를 땐 쉼 없이 걷던 근력 껏 찍어
마지막 1442 숫자, 발바닥 질끈 넘는다

둥근 천지가, 파랗고 컴컴하게 눈앞 펼쳐 있다
백 미터 쯤 아래 껴안을 수 없게 경계 쳐있고
묵묵히 장엄하고 엄중한 그 모습 감상한다
호수 중앙에 중국과 저쪽의 북한, 국경이란다
안개들 시시각각 모였다 흩어짐 역동하고

한민족 역사발원의 곳, 성지를 가슴 담는다

상인들 포토 존 둘레 사진촬영 유료다
몇 백 인파 속 창대한 천지 배회하다
작은 몸 가만히 하산한다. 안개구름 스산하다

국가도 인간처럼 부와 빈의 진열장인데
백두산, 이 거대한 한반도 땅의 꼭지를
북한은 어느 하늘 허락 받아
남 나라에 넘겼을까?

3

만추

가을 1

옛날 과년한 처녀
홀로 솜이불 꿰맸듯

산중턱 뻗어 뿌리 일군
가지 무성한 나무들,

이파리 하나둘 붉게 노랗게
물 먹이고 섰네

가을 2

물위에 둥둥떠있는 비인 두레박처럼
산 위로 한적히 모인 뭉실구름 몇 점
그 자리 입 닫고 서서 여린 호흡 내쉰다

몸동작 땅에 묶인 아해처럼 발 옮긴다
등정객들 섞여 오르는데 산길이 너무 길어
꼭대기 숨 못미쳐도 계절은 닿지 않는다

몸 깨어 하얀 하늘 날려보낸 봄날엔
처마 끝 제비처럼 빠른 날개 있었는데
계절은 허락 없이 바뀌고, 경황이 스산하다

높은 하늘에 주눅 든 작은 심신 무겁지만
내실의 계량과 채움의 과실 성찰하며
바람에 하늘 초연한 가을을 갖고 싶다

굴참나무

몇십 년 만의 더위, 헤쳐 나온 굴참나무
팔월고비 때 숨 적시며 산속의 널 찾아왔었다
기둥 살 노릿노릿 껍질 일어
탄력 상하더구나
뒷 개울 발 적셔도 음습할 뿐 시원치 않고
원고 쓰려 책상 앉음 형광 열에 숨 막혀
제대로 할 일 못한 채
삶이 지체 되더라

자연 속 가을이다 산길 우뚝한 너의 계절
여름 물린 자리 울창하고 하늘 높구나
허우대 낮춰 키 낮은 옆들,
용기 부추겨 공생해다오

만추

끝가을은 땅 위의 생들
별리하는 계절이어요
붉은 잎, 땅에 떨어져 나무와 작별하구요
머잖아 시간과 동행하여
자취를 없앨 거예요

발자국 쌓인 도로에도 사람들 없구요
사이 길 놓인 벤치
임자 없어 황량해요
옷자락 벌인 사이로
끼어드는 찬바람들

친구 전화, 음성 대신
쿨룩쿨룩만 울려요
땅 뒹구는 단풍 한 잎 손바닥 올려놓고
금은 빛 '디 오텀리브스…'
혼자서 불러봤어요

숲새의 가을소리

머릿속 흔들려 몸 무거운 심야인데
비 질척이는 숲 황량한 소리 있어
응급한 신음소리인 양 숨 넣어 들어 보네

풀에 가린 어둠 속 추운 몸 추슬러
길 잃은 서러움 토하는 눈물도 같고
첫사랑 못 잊는 사내,
목 젖는 사모곡도 같네

한밤 가을 소리에 여린 몸 붙들린 채
예배당 새벽종 성음
무딘 가슴 흔들고
하룻밤 울어댄 숲새는
맺힌 한 풀고 갔을까

낮달

한적한 하늘가에 떠있는 희미한 낮달
감히 태양 옆 얼씬 못한 채 저무는 생명에
밭두렁 흐드러지게 핀 코스모스 고웁다

어린 중학생 죄인처럼 후쿠오카 끌려가
조국 없이 왜병의 성노예로 산 심(미자) 할머니,
하늘 끝 시든 낮달 응시하는
하얀 얼굴 고웁다.

*심미자 : (1924~2008)황해도 연백에서 출생, 자수(刺繡)를 잘해 중학교 때 나팔꽃 수놓은 일본지도를 제출했다. 벚꽃이 아니라고 일본경찰에 고문당하고 후쿠오카 끌려가 일생을 성노예생활을 했다.

은행, 가을

한 해를 쌓아 맺은 열매를
몸 밖 밀어낸다
결실 위해 겹겹이 고인 진액을 토해낸
잎새들 노랗게 탈진 되어
땅 위로 쓰러진다

길가 흩어져 발자국 차이다 남의 땅
삶 띄우기도 하는데
올 가을엔 너무 일찍
태풍에 은행 잎 가고 없어
노란 자국 그립구나.

윤동주문학관

버스들 갈아타고 자하문 언덕 내렸다
'동주' 영화에서 눈물 흘린 여운 있었고
서투른 낯선 길에도 그 모습 보고 싶다

여남은 평 실내에 작은 진열장 놓여있고
세월 젖은 빛바랜 사진과 글씨들 몇 점
그토록 칭송하며 추모한 시인은 가난했다

십여 분 영화 상영, 맨 벼랑박 벽지 위로
상영관에서 본 몇 장면 엮은 것 틀어준다
모르는 남과 둘이서 보고 문 밖을 나왔다

건물 옆 올레길 올라가니 작은 정원 있고
자그만 시낭송무대 돌좌석 몇 있는데
시인이 그토록 쓰고 싶던 가을은 뵈지 않았다

내려와 전시관의 '서시'를 더듬는데
멀고먼 타국에서 죽어간 '동주' 그립고
오늘엔 고국의 땅이어도 너무 낯설구나.

해수관음상

불전함에 새파란 지폐봉투 고이 넣고
무슨 말인지 외우며 연신 큰절 올린다
높다란 귀와 눈, 무표정의
하얀 돌부처 향해

고맙다는 응답도, 구원 있다는 약속도 없이
머리도 함께 무릎 꿇는 연유가 어디 있는지
입 닫은 '해수관음상', 알고서
인간들에 받고 있을까

유별한 성묘길

대중교통 닿지 않는 산자락의 외딴 그곳
삼십 오년 전, 옮겨올 땐 직행버스 다녔는데
얼마 후 사찰의 도로폐쇄로 길 없는 길이 되었다

없던 시절 4남 1녀 자식들 키우시며
"입 안 굶고 살어보면 참 좋겄다" 말하시던
순하디 순한 물안개 같이 보고 싶은 우리 아버지

혼자서 걷는 성묘 길, 나무 우거진 산 속이다
큰 돌을 들고 오르며
멧돼지 오면 내려쳐야지,
칠십의 평생에 처음 품는
표독한 집념이다

애써 흔적 밟아 올랐는데 장벽을 만났다
북녘 철조망처럼 혼미한 울창한 숲들,
한 시간 걷고 못 넘은 막장 길,
울음 쓸어담으며 돌아선…

예송리 해변

-보길도에서

부드럽고 편편한 누런색 모래들 대신
검정색 자갈 위를 발바닥 척척 닿는다면
가벼운 머리칼들 쭈뼛쭈뼛 솟을 거예요

철지나 사람들 가고 없는 해수욕장
텅 빈 바닷가를 맨발로 걷고 걷다
발가락 물 담갔는데 감촉이 시원했어요

그 너른 해변, 어떻게 온전히 자갈들일까?
평생에 처음 본 신기함 이었는데요
유구한 세월을 물에 닳고 바람 부대끼면

돌들 인간 보듬으려 영혼 태워 연마하고
겸손과 온유 길러 성령 향한 기도처럼
세상을 흩어져 사는 자연,
바다 끝 하늘이었어요

격세지감

타이타닉은 아니어도 작은 크루즈였어
몇 십 호실 승객들 있고 널따란 휴게공간들,
후미에 태극기 펄럭이는 24,000톤 배라 하네

오십 몇 년 전 여름, 울 또래 넷 여행얘기,
석탄기차 지붕 위 올라 뛰는거야, 표 검사 피해
볏자리 주인 문간방 얻어 모두 쪼그려 자고
큰 대문 집 구걸하니 밥 주고 사진 찍어줬어
해름 목포항, 인산인해 속 두 명 표 끊어 승선,
난간서 던진 카메라 받아 표 꺼내 마저 올랐지

밤새껏 몇 백 명 사람들 엉켜 흔들리다
뿌연 새벽 제주항에 도착 했지. 공짜로 채운
범법의 무전여행에 섞여 기쁨과 사랑 있었어
그날 우리 탄 교통이 '화양호'라는 여객선인데
어느 엿장수 평생 벌어 장만한 역사라 했지

오늘엔 백 톤 배가 크루즈로…,
너른 바다를 주름 잡네

생명들, 과욕

1.
상자구멍 속 긴 바나나
손에 쥔 야생 원숭이,
들이닥친 밀렵꾼 앞
긴 손 빠지지 않아
움켜쥔 먹이 놓지못한 채
목숨 잡혀간다

2.
오지 여행 염소 동거에
살 옮아붙은 진드기들,
기는 놈 떼어내는데
등에 숨어 포식하던 놈,
피 빨아 풍선처럼 부푼 배,
터지며 이승 작별한다

자장면

운동장에 사람들 빼곡히 모여 있다
전라 도청소재지의 명문중학 입시발표 날
어른들 담배 연기 삼키며 침착한 표정인데

건물 안 들어갔던 형이
현관 살피며 날 찾는다
"너, 합격이다! 잘했다"
육십 년 전 그 귀가 길,
형님이 자장면을 사줬었다
지금도 못 잊는 그 맛.

생전처음의 기적

온갖 생각들 머릿속 거미줄처럼 차있다
누우면 멀뚱멀뚱 눈 뜨다 훤한 아침 온다
죽어야 살것 같은 암흑을
난 삼십에 체험했었다

-긴 불면증 이기지 못해 세상 버릴 줄 알았는데요
 그 교회를,
 생전 처음 문 두드린 날 저녁
 아내가 3년만의 깊은 잠을
 잤습니다.
 기적이었어요

그날 이후 전 예수님의 사랑 속에 살었어요
파주에 '베드로'의 어장 갈릴리 농원 세웠고요
몇만 평 대지에 장어집과 교회 세워 부흥했어요

피아니스트

에드벌룬처럼 높이
먼 하늘 나는 백조인 듯
금빛머리칼 선녀가 요철을 휘젓는다
금강산 폭포수 소리
혼이 부서지는 소리

조간신문

-민국일보죠? 정아파트 이백일혼데요, 신문을
에리베타 통로 앞에 확 던지고 가네요.
맘 편히 신문 보기가
이렇게 어렵습니까?
-낼부터 시정하겠습니다,
녹음기 같은 전화 놓는다
새벽 교회 다녀오다 맞닥뜨린 배달원,
"그렇게 성가스러우면 구독을 끊으세요"

어느 날 마음 삭힌 글,
핸드폰 적어 띄웠지
-칠십 노인 빤츠바람에 신문 주으러 나가는데요…,

이튿날 문 앞 다소곳한 신문,
아침 햇살 환하다

1박 4일 여행

화요일 밤 열한시 송정광장, 얼굴 모인다
푸른 물결 푸른 섬 찾아가는 가벼움들
지각한 젊은 몇 쌍이 꾸벅 절하며 오른다

자정되어 몸집 큰 버스가 도로를 가른다
숙원 푼 살풀이인양 술에 밟혀 탑승한
노객은 불편한 주사로 꼬박 불면이다

동튼 창밖, 주최 합류해 인원들 점호 후
번호 부착하고 강릉 항 부두로 간다
중간 역 울릉의 기상악화 금일출항 불가란다

오죽헌등 돌다 밤 리조트 5인1실 투숙이다
이른 새벽 대망의 목적지 향해 부산떨다
찬연한 아침햇살 속 정스런 배에 오른다

울릉 '전주식당' 점심 후 종점행이다
'대한민국동쪽땅 끝' 글씨 새겨진 석물에 접안
밤처럼 햇빛 그리운 섬 독도,
이십오 분 만남이다

타는 햇살 속 오백여 카메라들 눈 바쁘다
남과 여, 새끼 거느린 풍상 속 가족형상
하늘의 현(弦)처럼 고요한
멀고먼 고도를 향해

올레길 위로 하얀 건물,
사진 찍어준 경비대원,
입 닫힌 눈물 보듬고 빛 멀어지는 바위표정들
돌고 돈 민낯의 밤길,
집 금요일 04시다.

핵산

남태평양 텃세 속 수년 수명한 연어들,
망막 찍힌 필름 따라 만삭의 몸 귀향 한다
처음의 하늘색 뿌연 산천,
그토록 그리웠을까

회귀하는 몸 안에 깜깜히 묻힌 비장(脾臟),
자자손손 탐색하는 북해도의 푸른 심해
이십여 성상의 시간들
숙명처럼 불태우고,

천둥 우는 동해 위에 봉화 불 터뜨리며
하늘의 은빛 광채와 정기 담은
푸른 핵산이
가을 날 설악의 고엽처럼
우리 곁에 스며져 왔다

맨바닥 머리 부딪히며 자결하는 진눈깨비에
왜, 죽어서 말하느냐고 묻지 말고
길 위에 병든 자 구원하는
최후의 핵산이길,

*핵산 : 연어의 이리(내장)에서 추출한 건강식품

4

이스라엘 물줄기

첫눈

하얀 침묵이 두툼히 쌓인 길을 걸었어요
발걸음 딛을 때마다 버석버석 닿는 소리
아늑히 젖는 포옹처럼 가슴 푸근했어요

한 동안 거무튀튀한 구름 속 그늘 보며
'사드' 고리 걸어 사립문 잠근 이웃 나라처럼
계절도 우릴 비껴갈까 마음 방황했는데

일월의 눈송이들
파고드는 옷섶 위로
말구유 태어나 생명들 구원하신
십자가 하얀 영성이
동천인 듯 다가왔어요

겨울 그리고 연

어린 시절 어느 하루 연을 날리고 싶었어

아침 식후 서둘러 화덕에 쌀풀(접착제)을 쑤고
예비한 창호지와 대(竹)가지, 가위들을 꺼내왔지
집 남향 툇마루에서 부엌칼로 재단을 하는 거야
가르고 자르고 붙이고, 여남은 살의 작은 소년은
점심 건넌 채 세 시쯤에 네모난 연 하나 만들었어
마지막 위 양쪽 끝과 아래 중간에 꿴 실을 엮어
몇 번을 조정해 중심을 잡고 실타래에 연결했지
의기양양 완성품 높이 치켜들고 몇 백보 걸었어
산자락 빈터에서 하늘에 띄우는 거야, 그런데 막
공중 솟는데 갑자기 바람 불어왔어, 순하디 순한
연, 그토록 무서워하는 강풍에 실타래 돌아가고
엉겁결 다 풀리고 말아 잡은 손목 마구 흔들렸어
잠깬 유아 울음처럼 당황하는 줄을 끊고 하늘 끝
달아나던 연, 다급한 발걸음 산꼭대기 뛰쳐갔어
겨울 해는 금방 저물고 캄캄한 산 속을 헤맸지.
끝내 연을 찾지 못하고 내려온 어린 시절의 상실,

이것이 내가 못 잊는 하늘, 연이라는 시(詩)야

동주 생각

몸과 얼굴을 마음 놓고 놓아 둘 처소가 없다
만주에서 평양으로 용정으로 서울로 헤매다
마지막 성취를 향해
창씨개명하며 찾아간 곳

나라 없는 나라의 시인이 몸붙인 나라
『하늘과 바람과 별과 시』를 옮기고 싶은
푸른 빛 가을하늘 희원하며
삶 걸어 찾아간 곳

즈그 글자로 작품 쓰라 강요하는 왜경 앞에
시인의 자존 양심에 못 쓰겠다 반항하던
그 얼굴 그 몸부림, 오늘도
눈 섶을 파고든다

조국 없는 죄,
멀고먼 타국 철창 갇힌 채
알 수 없는 하얀 주사를 맞으며 스러져간
우리의 가난한 시인 생각
외로운 '서시' 펼친다

이스라엘 물줄기

헬몬산 물이 갈릴리호수와 사해로 갈라지는데요

호수는 받은 물을 아래쪽으로 배출하지요
고여있지 않고 흘러 움직이니 썩지 않고요
신선한 물에 각종 생물들
빽빽이 성장합니다

사해는요 물 흘림 없이 정체되어 있어요
위에서 받기만 하고 나눠주지 않습니다
실상은 물 증발하고 숨 없어
생명들 죽은 바다였어요

사랑도 움직여야 해요
흐르는 갈릴리처럼,

북극설원

들소들이 쌓인 눈들 얼굴로 젖히며 걷는다

뒤 쫓던 여우, 훌쩍 뛰어
눈 쓸린 땅 속 들쥐 낚는다

우람한 힘 보다 작은 두뇌가
기아를 구원한다

붉은 감

마지막 가을이 산자락을 붙들고 섰다
나무 끝에 힘들여 매달린 붉은 감 몇,
초겨울 추운 눈발 맞으며
작은 몸 움츠린다

해맑은 하늘 더불어 한 시절 풍미한 무렵
설익은 옆 가족들
어느 밤 스러져갈 때
머리팍 된서리 떨쳐낸 몸,
강단 추슬러 때우고

늦 계절 장수 뻐기던 풍요햇살 증발한 날
안개 같은 산 까치에
한바탕 쪼이고 나면
대장간 벼린 풀무, 축복인지
저주인지 지쳐간다

그녀가 만난 하나님

어느 여름 불현듯 한기 돌고 입술 부르텄다
건강한 손과 발, 입안에 붉은 반점 돋는다
서른의 패션디자이너 병원 응급실 두드린다
'스티븐존슨증후군', 처음 듣는 희귀병이다
온 몸 수포 발 못 딛고 손발톱 머리칼 떠난다
목에서 시뻘건 핏덩이를 입 밖으로 토해낸다

살갗 벗겨내며 마약성 몰핀진통주사를 맞고
환각상태에서 꿈을 꿨다. 천사들이 침대 둘러서
찬양과 예배하는 천국 속에 하나님이 보이셨다.

모태신앙으로 다닌 교회, 처음의 임을 만났어
감사할 것 하나도 없을 지옥 같은 고통 속에
하나님, 주님 찾게하심을 감사합니다, 기도했어
아버지 어머니 오빠 언니 모두 하염없이 울었다
조금씩 새살이 났다 석달여만에 겨우 퇴원 이후
시력에 문제가 생겼다. 네 번의 수술을 했다

그때 떨리는 동공 위로 예수님이 보였다
손의 못 자국, 얼굴 타고 흐르는 눈물을 보며

그녀의 뜨거운 마음속에 하나님 사랑이 솟구쳤다

쉬 회복 안 되는 눈, 아홉 번째 수술동의서에
사인하고 돌아온 날 밤 혼자서 교회에 갔다
"하나님, 치료의 끝 뵈지 않아 너무 두려워요
이제 절 데려가 주세요, 더 이상 자신이 없어요"
목 놓아 울었다. 누군가 다가와 꼭 안아주었다
교회의 사모님이었다. 그 순간 그녀는 깨달았다
하나님은 외로운 소녀에게 천사를 보내주신다,
그날부터 교회새벽기도 가고 병원 집을 오갔다

4년 뒤, 보이던 왼쪽 눈이 급격히 나빠졌다
하나님이 살려주신 연유를 믿으며 어떡하든
자신의 삶을 지키고 싶었다. 뵈지 않는 눈,
한 줄씩 또박또박 접어 투병기를 써내려갔다
교회 주최 영어성경암송대회 1등 하기도 했다
'자신이 꿈꾸면 하나님이 반드시 일하신다'

8년째의 봄, 앞이 뵈지 않는 그녀의 인터뷰,
"발병 이전으로 돌아가고 싶으시죠?"

"아니요, 아프기 전엔 하나님 몰랐는데 발병 후
하나님을 만났습니다. 그 큰 사랑 알게 됐습니다.
하나님을 모르는 저로 돌아가고 싶지 않습니다."
평범히 이해되지 않는 어여쁜 사람이었다

돌아온 계절, 연분홍 벚꽃이 날리고 있다
꽃 보는 눈 잃었지만 하나님의 눈을 얻은 그녀,

가장 하고 싶은 게 무엇인지 물었다, 웃으며
"테이크아웃커피 들고 혼자 공원을 산책하는 거요"
다음 봄엔 하나님이 그 꿈을 이뤄주실까, 그런데

그녀가 고통 속에 본 하나님,
우린 본적 있을까,
만났을까,

*국민일보 'K보리의 봄나기'에서 발췌 인용했습니다

이산가족 상봉

1. 남과 여, 이름 새긴 손목시곌 채워준다
가을 농사지어 벽시계 사주겠다던
신혼 적 묵은 약속,
너와 나 손잡은 정표다
결혼 칠 개월에 떠난 신랑은 팔십삼 세,
뱃속 사 개월 아들이 육십오 세 장년 되도록
충청도 삯바느질로 수절한 팔십오 세 젊은 할미.

2. 남쪽 파마머리에 정장한 오십오 세 여인,
주름진 삼십이 세 중년여성 만나 눈물짓다
"고모가 선물 줄게" 금반지 목걸이 걸어준다.

3. 최고령 구십팔 세의 키 큰 할아버지,
기침하는 칠십 세 촌스런 아들 쓰다듬다
당신의 상의 코트와 목도리 벗어 입힌다
"아부지, 잘 입겠수다" 피붙이의 부정(父情)을 보며
내려오다 폐렴에라도 걸리면 어쩌려나!?

만남들 작별하고도
내내 가슴 망연했다.

눈

밤을 걸러서 오는
만남의 얼굴 고맙구나
홍매화 흐드러진
늦겨울 지치지 않게
사람들 향한 도시와 땅들
고요히 보듬어다오

혼례식이 걸어온 길

마당에 친 천막 위로 하얀 눈발 흩날리는 날
윗집 누이 몇몇의 친척 앞에서 결혼식 올린다
촛불 앞 주례 아저씨께 연신 절하는 신랑 신부

소년 때 겪은 후 그런 혼례는 보지 못했다
예식장서 여러 하객에 절하며 올리는데
높은 층 가진자들은 호텔서
어깨 들썩이며 하고

연예비전 군림하는 때깔 좋은 스타배우는
몇 천 짜리 밥과 옷을 들고 줄선 웨딩업에서
순전히 공짜로 받아 하는데
그걸 협찬이라 한다누먼

우리 민초들은 괜히 혀끝만 끌끌댔지만
신성 중에 '젊음의 겸손한 표본이 되자' 라며
오만한 스타들에 본보기의
새 별이 떴다는데

고향땅 하얀 꽃핀 푸른 밀밭 길 걸으며

양가 부모, 사십여 인척들 축복 속에
본질적 결혼서약 나눔으로 끝마치는 서원

개인 하늘 청명함 속 구김 없는 축하 띄우고
하객들 가마솥 끓는 국수로 나눔식사 한
구시대 가난냄새도 곁들인
안성맞춤 혼례이구나

*이나영, 원빈 연예커플이 2015년 5월 강원도 정선에서 신선한 결혼식을 올렸다

영랑생가 2

훤한 볏지붕의 본채, 친근한 옛 모습이다
마루 앉으니 마당가 고적의 우물 있고,
입구의 문간채 그대로인데 농기구 칸 비었다

좌측 옆에 가을 잎 떨어지던 감나무 아래
'오메 단풍 들겄네' 누이 보며 외웠던
그 자리 장광 없어지고 꽃 화단이 꾸려있다

영랑이 나무 올라 첫사랑을 고백했다는
전설의 동백나무 찾아 뒤란 둘러보니
듬직한 둥치 뵈지 않고 돌 축대를 쌓았다

습작하며 사숙하던 건너편 사랑채에 갔다
편편한 마당 가으로 작은 모란들 피었었는데
오늘엔 큰 돌과 큰 모란, 붉게 피어있다

생가 밖으로 거창하게 조성한 화원,
'중국 꽃' '프랑스 꽃'등 세계화한 색색 모란들,
중턱에 '모란이 피기까지는' 시비, 엄연히 서있다

십오 년 전 “현대시조” 응모하며 쓴 영랑생가,
시절의 고요에서 가택 세 채의 영원함 속
인간들 아부하는 생색 위로
유전하는 거인, 있었다

종점

1.
 집 나가 귀가 않는 칠십대의 할아버지
전철 쪽 걷는 걸 봤다는 사람 있는데
그 뒤론 어딜 갔는지 모습 없어졌다

처음엔 온가족이 거릴 수소문 했지만
다섯 달 되니 가족들 지친 듯 잠잠하다
치매에 의식 없는 영감, 찾아 나선 할머니

2.
"딸 사위를 한 번에 교통사고로 잃었다우"
숨 살아난 열 살의 외손자를 떠안은 할미
장애아 휠체어 태워 위태히 동행 한다

-오늘은 종점 내려 공원을 찾을 건데요
-얘가 전철만 타면 좋아하니 끝까지에요
두 할미 찾아가는 그곳,
아무 흔적 뵈지 않는

산정 몸 적시는 공포

땅위 초입 자락엔 기미 없던 하얀 눈들
작은 바위와 흙들을 덮고 있는 침묵의 위엄
산정 쪽 높이 선 나무들도 제 몰골이 아니다

하얀 색 흙과 바위에 길 뚫어 발 딛는 등정 길
생명이라곤 뵈지 않는 이상한 날의 고립이다
입 닫힌 정상의 하얀 눈들
땀 풀어 상봉한 세밑

사막 길 낙타처럼 몸 붙일 공간 그립고
새해 살풀이 소망했지만 발등의 목마름은
생명들 자취 없는 무인 산
떠나고픈 공포였다

정신과 의사 상담

-같은 공간에서 같이 숨 쉬니 행복하다.

십오 년 전 파키슨병 앓는 남편의 초진 때 한
부인의 말이다. 오늘따라 무슨 할 말 있는 듯
눈 맞춰 자리에 마주앉았다. "사는게 힘듭니다,
60대 남편 갈수록 상태 나쁘고 언제까지일지,
제 답답한 심정을 얘기할 사람 아무도 없습니다.
처음엔 어떤 어려움도 이겨낼 수 있다 믿었어요
많은 어려움 극복해 결혼했고 서로 사랑했습니다
그런데 요즘은 많이 지칩니다. 어디론가 떠나
혼자 있고 싶다는 생각이 불쑥 들고, 그럴 때면
남편에 대한 저의 조그만 사랑에 죄책감 듭니다."

그런 상황에선 누구나 지친다. 아무리 사랑하는
사람에게도 부담 느끼는 것이 오히려 자연스런
일이며 남편에게 솔직히 말하는 게 필요하다.
불같은 사랑도 한 시절일 뿐, 바람처럼 변한다
어느 날 버팀목이 부러지거나 자신의 몸이 아파
극한상황 오면 배우자도 자식도 머릿속 지워진다
자기 보존본능으로 오직 자신만을 생각게 된다

사람에게 의지하는 것 허망함을 느낀다. 그 사실
받아들여야 잔인하고 고통스런 삶을 버텨나간다.

무소의 뿔처럼 다릴 건너라, 혼자의 인생이다.

*'좋은생각'에서 발췌인용했습니다

허드레 겨를 없다

마음 닳도록 단련한
견우와 직녀처럼
우리의 만남은 항상 조급하고 허기졌다
리본들 치렁치렁한 주차장,
자전 멈춘 오작교다

어깨 부딪고 도어입실 토이렌 들어가면
한가히 벗고 닦을
허드레 겨를은 없다
너와 나 밀반죽인양 섞여
타일바닥 젖어들고

금맥 뚫은 시간들
강물처럼 흐른 뒤
후줄근한 몸 추슬러 흔연히 문 밖 나오면
뿜어낸 니코틴 같은 갈급증,
머리 위 별들 총총했다

버스터미널의 사내

촌녀들 몇의 뒷줄에 몸 움츠린 사내 하나
〈현상금천만원〉
‘귀휴 미 복귀 무기수’ 향한 주홍글씨다
쫓기는 구석 인간의 남루,
시(詩)가 닿지 않아 섧다

실버의 눈물

어, 어쩐 일!
반가움에 눈물 핑 도네
실버 헬스장, 한 달을 뜸해
수소문해 찾던 친구,
눈 온 산 시제 갔다 넘어져
무릎 맞췄다 하네

까칠한 벌목 같은
어깨 껴안는데
소시 때완 꺼져 내린
초겨울 세대의 허기
하찮은 뼈 관절 변고에도
한 귀퉁이 무너져가

할비 되면 되레 철 떠난 어린애라던
옛말처럼
가기 싫다, 발 굴러 탄원이래도 할텐가?
친구야, 애써 운동 매달다
부르면 가만 가자꾸나

아버지를 생각한다

헬스타운 역에서 노란 올기쌀을 한 주발 샀다

버스 자리에 앉아 한 움큼 입에 넣는다.
가만 씹는데 불현듯 아버지가 떠오른다
"제발 밥 좀 안굶고 살면 좋겠다" 말하시던
먼 옛날, 가난하고 외로웠던 나의 아버지!

위로 따님 둘 있고 오년 지나 천만뜻밖에 낳은 아들(성함도 전千萬), 부모님의 귀염과 부러움 받으며 자랄 무렵, 어린 운명에 천둥이 불어 닥쳤어요. 세살 때 아버지 잃고 다섯에 어머니마저 세상 떠나시니 외톨이고아가 되신 거예요. 인물 곱고 심성 고와 칭송이 자자했다던 모친 가시니 주위 인정으로 살다, 2년 후 어린 삼남매 뿔뿔이 헤어졌어요, 제 아버진 일곱 살 아이로, 전주시의 유지가문에 몸 붙여 들어갔대요. 층층 윗사람 밑에서 무학 무급으로 머슴 살다 스물세 살에 제 엄니와 혼인, 변두리 방 한 칸 얻어줘 출가 나왔다고 합니다.

아버지! 그래도 우리 엄니 만나 가정 이루신 것은 행운이었어요. (물론 인물은 아버지가 더 위이셨지요) 제

여덟 살 위 장남 형이 말하는데, 언골에서 또래들 대여섯 중에 중고등학교 진학한 건 형 하나 밖에 없었다고 하데요. 그러면서 울 엄니의 당찬 결기와 교육열로 없는

형편에 학교 보내셨다 말하는데 저도 내심 그 부분 공감했어요. 제가 중학교 졸업하고 2년을 놀았잖아요. 그때 아버지가 이웃 물방아마을에 있는 이발소에 가보라 해서 간적 있습니다. 찾아가니 "부탁 들었다 내일부터 출근, 손님 머리감는 일부터 배운다." 했는데 엄마가 알고 그만 두래서 안갔습니다. 다녔더라면 나는 이발사로 직업하며 살아졌을 거예요. 전 그 후 신문배달등 고학하며 학교 다녔고요, 군대 다녀와 없는 바닥에 고군분투 우여곡절 겪으며 살았습니다. 육십 대에 야간대학과 대학원 댕겨서 부모님의 한이셨던 학교, 박사까진 아니어도 웬만큼은 배운 셈이고요, 문학 전공하여 시집을 4권째 출간합니다, 아버지! 저도 늙어 총기가 많이 떨어졌는데요, 하여튼 울 아버지는 성품이 착하디착하시기만 하시고 아무런 욕심도 욕망도 없는 순백한 분이셨어요. 그래도 논 한 평 밭 한 두렁 없는 농가형편에 저희 오남매 키우시느라 많이 수고하셨어요. 밤낮으로 몸 부려 일만 하신 거예요. 지은 밭에서 나온 채소에 이웃들 맡긴 것 합쳐 리어카에 싣고 나가 시내 행상 돌며 외치시는 음성 여러 번 들으며 컸습니다. 성장하며 지은 제 죄를 고백하면요, 윗목에 감춘 돈 한번 훔쳤고요, 벽장의 돈 빼내 가출도 한번 했었어요…, 그 멍에 평생을 가슴 절

이며 살았습니다. 아버지, 그리고 어릴 적 딱 한 번 크게 빰을 맞은 적이 있는데 어떤 잘못으로 맞았는지 기억이 안 나 안타깝습니다. 저승에서 만나면 아버지가 일러주셔요.

예순여덟에 중풍으로 쓰러지셨는데, 제가 광주에서 막 차량부품사업 시작할 때였어요. 전주 출장가면 집에 둘러 숙식도 하며 건강 살피니 언어 못하시고 거동 식사 모두 갑갑한데 그래도 통증이 적으신 건 다행이었어요. 한번은 집 방향에 소재한 큰 점포에서 거래 섭외하고 있는데 도로 쪽 지팡이 짚고 걸어가시는 모습 보았어요. 한참 상담중에 뛰어나가지 못한 게 아쉬웠습니다. 그날 못 뵈었고 얼마 안 되어 소천을 맞았거든요….

어느 시절, 집 마루 아버지랑 앉아있는데 '최우성'이란 먼 친척의 자가 '할압씨'하고 들어와선 삿대질에 술 취한 얼굴 부라리며 "뒷골 가는 밭의 할방 '묘'를 파가시오, 안 들면 내손으로 파내 부엉바우 냇가에다 뿌릴테니 그리 아시오" 하며 폭언 쏟고 가는 걸 보았다. 처참한 표정의 아비 얼굴보며 충격을 받았는데 내 나이 열 살쯤 때였고 그 뒤에 그 묘가 나의 조부조모 조상님 묘라는 걸 알았다. 그 서러움에 각심 품은 후로 삼십 년이 걸렸다. 산(山)일은 집념의 소산이다. 여문 지관 만나 여러 군데 찾아다니다 장성군 백양산에 자리잡아 1982년 전주공원묘지 계시던 부친과 그 한맺힌 조부모합장 묘를 같이 이장해 모셨다. 오랜 후 우리엄니도 아버지유택 합장해 모셨다. 두 분 저승에 함께 계시니 심정 든든하시길 빈다. 나의 행적에 부모님 편케 해드린 유일무이한 효도이다.

아버지! 이장 후 전주의 남복님네랑 와서 보고 장하다, 칭찬하고 갔어요, 저도 이제 웬만큼은 세상 살었고요, (실인즉 지금, 아버지 가실 때보다 더 된 나이여요) 교회 다니며 배웠는데 '천당'이 반드시 있다고 해요, 순진무구하신 제 아버님은 천당에 계실 줄 믿습니다. 아버지! 보고 싶어요. 이 글을 쓰면서도 여러 번 멈추고 눈물 흘렸습니다. 얼마 전 코감기로 의원에 갔는데 선천적 '비염' 있다고 해요. 그 말에 아버지 생전, 자주 손등으로 말간 콧물 닦으시던 모습 떠올랐습니다. 역시 전 아버님의 아들이어요. 저 언제라도 저승에 가면 꼭 한 번 만나고 싶습니다. 그리운 얼굴 닿고 싶어요.

아버지! 둘째 학춘이 보면 이승, 용서하시고 웃어주셔요.

| 해설 |

생명성 탐구와 일상성의 시학

강 경 호
(시인, 문학박사)

전학춘 시인은 지금까지 세 권의 시조집을 낸 중견으로 이번에 펴낸 『겨울 그리고 연』은 네 번째 작품집이다. 갈수록 농익고 시적 깊이를 더해가는 그의 작품은 이번 시조집에서는 첫 시집 이후 끊임없이 보인 생태학적 상상력에 대한 모색을 이어가고 있다. 그러면서도 일상에서 만나는 노년의 정서와 유년을 다시 불러내어 회억하는 시편, 인간존재 방식의 모색, 그리고 기독신앙의 체험에서 느끼는 정서 등 다양한 시의 스펙트럼을 보여준다.

더불어 그의 시적 공간은 더욱 확대되고 다양해져 시간적으로는 유년에서 노년까지 아우르고, 실제 거리적 공간으로는 뉴욕, 나이아가라, 중동, 백두산, 압록강 등 나라 밖은 물론 독도, 통영, 보길도, 강진 등 많은 곳을 시적 공간으로 끌어들이고 있는 특징을 보여준다.

이처럼 시적 소재와 주제의 다양성과 함께 시적 공간의 확산은 그의 시적 정신지리가 넓어지고 있음을 말한다.

또한 전학춘 시인의 이번 시집의 특징은 지금껏 보여왔듯이 시의 형식에서 대단한 기교보다는 담담하고 소박한 언어로 진정성있게 형상화시키고 있으며, 충격적인 정서적 사건보다는 일상성에 관심을 더 두고 있는 점이다. 그런 까닭에 그의 작품들은 특별한 메시지를 투사시키는 것보다 시인의 마음에 남는 잔잔한 삶의 모습을 꾸밈없이 보여준다. 시인의 마음을 울린 작은 감동이나 사소한 정서적 충격은 언론에서 보도된 것이나 일상에서 평범하게 느끼는 정서들로 그의 시적 소재가 되고 있어 시를 일상생활화 하는 시인의 삶을 엿볼 수 있다.

지난 번 시조집 『직선적 발자국』에 이어 이번 시조집 『겨울 그리고 연』에서도 20여편이 넘는 생태학적 상상력을 보여주는 시편들을 보여주고 있는데, 시인의 가장 큰 관심사이다. 「기러기의 날개」는 고단한 삶을 이어가기 위해 끊임없이 하늘을 날아야 하는 기러기의 운명과 생에 대한 의지를, 「봄」에서는 "떡갈나무 가지 끝 젖내나는 새싹들"에서 보듯 새생명의 환희를, 「생명의 길」에서는 "잎보다 먼저 세상 깨"우는 꽃망울의 아름다움을, 「세월호 인양한 날」에서는 세월호에서 죽어간 아이들에 대한 추모와 비극성을, 「수리부엉이」에서는 사람들이 쳐 놓은 포획망에 걸린 수리부엉이 새끼를 구조해 치료한 뒤 다시 자연으로 보내는 마음을, 「갓난 아이와 어미」에서는 생활고 때문에 혼자 아이를 낳고 목숨을 끊으려다 다시 마음을 추스리는 여인의 애닮은 사연 등 생명성을 옹호하고 강조하는 시편들이 많다.

주지하다시피 서정시는 따스하고 건강한 희망과 삶의 의지를 앙양시키는데 가치가 있다. 생명성을 탐구하는 전학춘 시인의 시편들은 이런 측면에서 서정시의 본질과 효용성에 맞닿아 있다.

문학에 생태학적 상상력을 끌어들인 것은 1960년대 독일에서부터다. 우리나라에서는 개발독재로 인해 1990년대에 들어와 본격적으로, 특히 시인들에게 커다란 반향을 일으켰다. 그렇지만 오늘에는 그 관심이 시들해지는 양상을 보이고 있다. 그럼에도 불구하고 오늘 우리의 상황은 핵발전소 문제와 4대강 문제, 그리고 탄산가스배출 문제 등 갈수록 환경 및 생명성 문제가 확산되고 있어 이에 대한 시인들의 관심이 증폭되어야 할 상황이다.

"내가 들어줄테니 갖고 싶은 것 말해 봐."
정신지체아는 라디오를, 농아 아인 자전거를,
한라산 등반이 꿈이라는 뇌성마비 아이 있고

"야, 넌 소원이 뭐냐?"
입 뛰뛰한 시각장애학생,
- 들어줄 수도 없는 것 말하면 뭐해요
  눈을 떠
  딱 일분만이라도
  이 세상을 보는 거예요.

-「맹인아이의 말」 전문

전학춘 시인의 생태학적 상상력을 보여주는 시편들은 거대담론보다 낮고 소외된 사람들의 생명성에 관심을 갖는다. 「맹인아이의 말」에서 화자는 장애인복지학교에서 만난 정신지체아의 소망을 듣는다. “내가 들어줄테니 갖고 싶은 것 말해”보라고 하는 화자의 말에 라디오나 자전거를 갖고 싶다거나 한라산 등반이 꿈이라고 하지만 시각장애인의 대답은 화자가 들어줄 수 없는 것이다. “눈을 떠/딱 일분만이라도/이 세상을 보”고 싶다는 말에 화자는 절망했을 것이다. 물질적인 것을 갖는 것보다 단 일분이지만 눈을 뜨고 이 세상을 보고 싶은 시각장애인의 소원은 슬프다. 이 작품을 통해 시인은 멀쩡한 눈을 가지고 세상을 마음껏 보고 있는 사람들에게 자신들이 얼마나 행복한 사람인지를 인식하게 하고 정작 중요한 것은 물질이 아니라 눈으로 사물을 볼 수 있는 보다 근원적인 생명성이 가치있음을 전해준다.

> 한적한 하늘가에 떠있는 희미한 낮달
> 감히 태양 옆 얼씬 못한 채 저무는 생명에
> 밭두렁 흐드러지게 핀 코스모스 고웁다
>
> 어린 중학생 죄인처럼 후쿠오카 끌려가
> 조국 없이 왜병의 성노예로 산 심(미자) 할머니,
> 하늘 끝 시든 낮달 응시하는
> 하얀 얼굴 고웁다.
>
> -「낮달」 전문

「낮달」에서는 생명을 가졌다는 것이 얼마나 슬프고 비극적인지를 말해준다. 어쩌다가 하늘에 태양과 달이 같이 떠 있는 것을 볼 수 있다. 이때 달의 존재는 태양빛에 희미하다. 중학생 어린 나이에 후쿠오카에 끌려가 일본군 위안부로 살아온 심할머니의 존재 또한 낮달처럼 희미하다. 그래서일까 할머니는 "하늘 끝 시든 낮달을 응시하"는데 "하얀 얼굴 고웁다" 그러나 일본군 성노예로 가슴이 갈기갈기 찢어졌을 것이다. 그래서 "하얀 얼굴 고웁다"고 한 화자의 말이 역설적으로 들린다. 이 작품에서 '낮달'이 지닌 상징적 의미와 "하얀 얼굴"의 이미지가 절묘하게 어우러진다. 유사성과 동일성을 통해 메시지와 의미를 변용하고 생성하는 서정시의 방법론과 일치하기 때문으로 전학춘 시인의 시창작법이 돋보이는 대목이기도 하다.

앞에서 밝힌 것처럼 전학춘 시인의 시적 다양성은 여러 가지 경향의 시세계를 보여준다. 기존의 시집에서 관심을 보였던 유년의 추억과 일상의 평범한 정서적 사건, 그리고 탐욕스러움과 더불어 맑은 영혼을 보여주는 시편, 기독신앙의 체험 등이 그것들이다.

먼저 유년의 기억을 호출한 시편에서 「격세지감」은 석탄 기차 지붕 위로 몰래 올라갔던 것과 제대로 표를 사서 제주행 크루즈를 탄 감회를 들려주고, 「종소리」에서는 점심시간이 되기 전에 도시락을 몰래 먹던 추억을, 「어린 시절 고향에서의 일」에서는 임신한 노처녀가 남자 집에서 받아들이지 않아 약을 먹고 죽은 일을, 「자장면」에서는 중학교 입시 합격자 발표날 명단에 자신의 이름이 있는 것을 보았을 때의 기쁨과 그때 형이 사준 자장면 맛을 잊지 못하는 사연 등을 그려냈다. 때로는 슬프고 기쁘기도 한 추억들이지만 순수와 그리움의 정서를 담아내고 있다. 그리고 이 시집의 표제작인 「겨울 그리고 연」에서는 어린 시절 연을 만들어 하늘에 띄우는 과정을 실감나게 그렸다. 그런데 그때 줄이 끊겨 하늘로 사라진 연을 지금껏 잊지 못하고 있다.

어린 시절 어느 하루 연을 날리고 싶었어

아침 식후 서둘러 화덕에 쌀풀(접착제)을 쑤고
예비한 창호지와 대(竹)가지, 가위들을 꺼내왔지
집 남향 툇마루에서 부엌칼로 재단을 하는 거야
가르고 자르고 붙이고, 여남은 살의 작은 소년은
점심 건넌 채 세 시쯤에 네모난 연 하나 만들었어
마지막 위 양쪽 끝과 아래 중간에 꿴 실을 엮어
몇 번을 조정해 중심을 잡고 실타래에 연결했지
의기양양 완성품 높이 치켜들고 몇 백보 걸었어
산자락 빈터에서 하늘에 띄우는 거야, 그런데 막
공중 솟는데 갑자기 바람 불어왔어, 순하디 순한
연, 그토록 무서워하는 강풍에 실타래 돌아가고
엉겁결 다 풀리고 말아 잡은 손목 마구 흔들렸어
잠깐 유아 울음처럼 당황하는 줄을 끊고 하늘 끝
달아나던 연, 다급한 발걸음 산꼭대기 뛰쳐갔어

겨울 해는 금방 저물고 캄캄한 산 속을 헤맸지.
끝내 연을 찾지 못하고 내려온 어린 시절의 상실,

이것이 내가 못 잊는 하늘, 연이라는 시(詩)야
-「겨울 그리고 연」 전문

나이 지긋한 연배라면 어린 시절 누구라도 연을 띄웠을 것이다. 그러기 위해서는 연을 만들어야 하는데 어린 아이들은 연을 만들지 못해 형이나 아버지께서 연을 만들어 주셨다. 쌀풀을 쑤고 창호지에 가늘게 깎은 시누대 살을 붙여 연을 만들곤 했다. 이러한 과정을 화자는 아주 섬세하게 설명한다. 그러다보면 동심으로 돌아가기 마련이다. 연을 만들어 드디어 하늘에 띄워야 하는데 누가 가르쳐 주지 않아도 언덕이나 높은 데에 올라가 바람을 온몸으로 맞으며 뛰어가면 연은 하늘로 꼬리를 치며 올라갔다. 강풍이 불면 "실타래 돌아가고/엉겁결 다 풀리고 말아 잡은 손목 마구 흔들렸"다. 그러다가 연줄이 끊어져 연은 나뭇가지에 걸리기도 하고 멀리 산꼭대기로 날아가버리곤 했다. 어떤 때는 바람에 사라진 연을 찾지 못해 어린 마음은 깊은 상심에 젖기도 했다. 지금 생각하면 바람에 날아가버린 연 하나쯤이야 아무것도 아니지만 화자는 수십 년이 지난 어린 시절의 그 사건을 마음 속 깊은 곳에 간직하고 있다. "내가 못 잊는 하늘, 연이라는 시(詩)"라고 생각하고 있으니 잃어버린 연이 오늘 다시 연으로 되돌아 온 것이라고 여기는 것이다. 그것은 시인이

순진무구한 소년의 마음을 지금껏 간직하고 있기 때문은 아닐까? 유년의 정서가 배인 아름다운 시편에서 독자들은 마치 자신의 일인 양 공감을 할 것이다.

청순했던 유년은 아득하고 까마득한데 칠순이 지난 전학춘 시인은 온갖 세상 다 겪으며 이제 노년의 시간을 맞고 있다. 꿈과 열정이 넘치던 시절이 엊그제 같은데 노년은 부인할 수 없는 현실이 되었다. 노년의 정서를 노래한 시편들 중 「시내버스」에서는 자꾸 외운 버스 번호를 잊어버리고 차에 오르면 어르신이라고 자리를 양보받는 세대임을 인식하고, 「등산」에서는 눈은 산정을 향하는데 "흔들리는 무릎, 숨찬 숨"을 느끼는 노년의 증상을, 「가을 2」에서도 "높은 하늘에 주눅 든 작은 심신 무겁지만/내실의 계량과 채움의 과실 성찰하"는 의미있는 노년의 모습을, 「혼례식이 걸어온 길」에서는 연예계 스타들의 참신한 결혼식에서 받은 정서적 충격을 전한다. 그리고 「실버의 눈물」에서는 건강한 육신에 대한 시인의 관심을 표명한다.

어, 어쩐 일!
반가움에 눈물 핑 도네
실버 헬스장, 한 달을 뜸해
수소문해 찾던 친구,
눈 온 산 시제 갔다 넘어져
무릎 맞췄다 하네

까칠한 벌목 같은
어깨 껴안는데
소시 때완 꺼져 내린
초겨울 세대의 허기
하찮은 뼈 관절 변고에도
한 귀퉁이 무너져가

할비 되면 되레 철 떠난 어린애라던
옛말처럼
가기 싫다, 발 굴러 탄원이래도 할텐가?
친구야, 애써 운동 매달다
부르면 가만 가자꾸나

-「실버의 눈물」 전문

한 달 동안 소식이 없던 친구를 실버 헬스장에서 만난다. 눈이 내린 날 산에 시제 모시러 갔다가 넘어져 무릎을 다쳤다가 오랜만에 헬스장에서 만난 것이다. 너무 기뻐 어깨를 껴안았는데 "초겨울 세대의 허기/하찮은 뼈 관절 변고에도/한 귀퉁이 무너"진 것을 안타깝게 여기며, 건강을 위해 최선의 노력을 하다가 때가 되면 이별하자고 다짐한다. 이 작품은 최근 전학춘 시인의 일상의 모습일 것이다. 시인은 이제 "초겨울 세대"인 것이다. 지난날의 청춘이 가고 몸이 제대로 말을 듣지 않는 노년의 시간은 생로병사의 순리일 뿐인데 한 번 뿐인 인생이기에 가는 세월과 쇠약해지는 건강에 슬프지 않을 수 없다. 그러면서도 자연의 이치에 순응하며 "친구야, 애써 운동 매달다/부르면 가만 가자꾸나"에서 짐짓 의연한 모습을 보여 준다.

전학춘 시인에게서 절대 빼놓을 수 없는 일상은 신앙생활이다. 듬직한 나이에도 성가대에서 활동하고 있으니 과연 노익장이라고 할 수 있다. 그러므로 그가 바라보는 시선에 언제나 절대자에 대한 찬미와 감사의 마음이 깃들어 있다. 때로는 주변 신앙인들의 삶에서 영성을 발견하고 때로는 자신의 삶에서 신앙의 기쁨을 노래한다.

신앙을 소재로 한 시편에서 「생전 처음의 기적」은 시인 자신이 이야기 보다 다른 신앙인의 이야기로 짐작되는데, 3년 동안 잠에 들지 못한 사람이 하나님을 만나면서 편히 잘 수 있는 은혜를 입었음을 찬양하고, 갈릴리 농원과 장어집, 교회를 세워 부흥한 것은 순전히 하나님의 기적이라고 말한다. 「그녀가 만난 하나님」 역시 '스티븐 존슨 증후군'이라는 병에 걸린 젊은 패션디자이너가 몸에 수포가 생기고 손발톱이 빠지고 시뻘건 피를 토해내다가 너무 고통스러우면 몰핀 주사를 맞곤 했는데, 어느 날 환각상태에서 천사들이 침대를 둘러서서 찬양하고 하나님이 보이는 꿈을 꾼다. 모태신앙으로 교회에 나갔지만, 마음속에 하나님을 영접하지 못하다가 병이 들어 진심으로 하나님을 만나, 눈을 잃었지만 하나님을 볼 수 있는 기쁨을 얻었다는 고백을, 「이스라엘 물줄기」에서는 헬몬산에서 갈라져 나온 갈릴리 호수와 사해 중에서 갈릴리 호수는 흐르는 물이어서 생명이 깃들어 있지만 사해는 고여

있는 바다여서 "위에서 받기만 하고 나눠주지 않"으며 생명도 살지 못한 것처럼 "사랑도 움직여야" 한다고 한다. 그리고 「첫눈」에서는 예수님의 영성을 발견한다.

하얀 침묵이 두툼히 쌓인 길을 걸었어요
발걸음 딛을 때마다 버석버석 닿는 소리
아늑히 젖는 포옹처럼 가슴 푸근했어요

한 동안 거무튀튀한 구름 속 그늘 보며
'사드' 고리 걸어 사립문 잠근 이웃 나라처럼
계절도 우릴 비껴갈까 마음 방황했는데

일월의 눈송이들
파고드는 옷섶 위로
말구유 태어나 생명들 구원하신
십자가 하얀 형상이
동천인 듯 다가왔어요

-「첫눈」 전문

눈이 많이 쌓인 것을 화자는 "하얀 침묵"이라고 한다. 그렇기 때문에 하얀 눈길을 걸어가면 "아늑히 젖는 포옹처럼 가슴 푸근했"다고 고백한다. 첫눈이 내리기 전 "거무튀튀한 구름 속 그늘"에서 계절이 비껴갈까 방황하기도 했는데 검은구름 사라지고 첫눈이 내리고, 그 눈송이들이 옷섶으로 파고드는 것에서 "말구유 태어나 생명들 구원하신/십자가 하얀 형상이/동천인 듯 다가왔"다. "하얀 침묵"과 "거무튀튀한 구름", 그리고 "일월의 눈송이들"과 "십자가 하얀 주님 영성"은 매우 긍정적인 이미지들로 "일월의 눈송이들"은 매우 서기있고 순정한 것을 상징하고, "십자가 하얀 주님 영성" 역시 신성하고 거룩한 의미를 지니고 있어 「첫눈」이라는 시제가 전하고자 하는 메시지를 매우 참신하게 전하는데 커다란 역할을 한다.

지금까지 살펴본 것에서 알 수 있는 전학춘 시인의 이번 작품집은 생태학적 상상력이 주류를 이루고 있어 오늘날 파괴되는 생태환경에 대한 관심을 고조시키고 있으며, 유년의 기억들을 호명하며 어른이 되어 잃어버린 순수를 다시 만나고자 한다. 그리고 그의 노년의 삶을 되비쳐주는 시편들에서는 우리 사회의 그늘에서 버겁게 살아가는 노인들의 삶을 살피기도 하고 정신적으로나 육체적으로 건강한 노년을 보내겠다는 의지를 드러내기도 한다. 그리고 그의 생활양식인 기독신앙이라는 형식을 통해 인간답게 사는 방식과 존재에 대한 성찰을 보여주고 있어 네 번째 시집인 『겨울 그리고 연』이 우리 시사에 의미있는 족적을 남길 것으로 평가된다.

전학춘 시조시집
겨울 그리고 연

2017년 12월 10일 인쇄
2017년 12월 15일 발행

지은이 | 전 학 춘
펴낸이 | 강 경 호
기획 · 인쇄 | (주)시와사람
등 록 | 1994년 6월 10일 제 05-01-0155호
주 소 | 광주시 동구 양림로119번길 21-1(학동)
전 화 | (062)224-5319
팩 스 | (062)225-5319
E-mail | jcapoet@hanmail.net

ISBN 978-89-5665-504-8 03810

값 10,000원

* 지은이와의 협의로 인지를 붙이지 않습니다.
* 이 시집은 광주광역시 · 광주문화재단의 2017년 지역문화예술특성화 지원사업으로 지원받아 발간되었습니다.

공급처 ■ 한국출판협동조합
경기도 파주시 탄현면 오금리 202번지
주문전화 (02)716-5616, 070-7119-1740